病《やまい》の時に読む言葉

大川隆法
Ryuho Okawa

病の時に読む言葉　目次

病《やまい》の時《とき》に読《よ》む言葉《ことば》

①

病気《びょうき》とは、魂《たましい》の休息日《きゅうそくび》である。

②

置《お》き去《ざ》りにしてきた記《き》憶《おく》を想《そう》起《き》しよう。

③

痛《いた》みがあるということは、生《い》きているということである。

④

病院《びょういん》のベッドで「自由《じゆう》」であることの喜《よろこ》びを思《おも》い浮《う》かべよう。

⑤

心《こころ》と体《からだ》の調和《ちょうわ》について考《かんが》えてみよう。

⑥

愛《あい》して来《き》た人《ひと》たちのことを思《おも》い出《だ》そう。

⑦

着実《ちゃくじつ》に近《ちか》づいてくる「死《し》」について考《かんが》えてみよう。

⑧

もう今《いま》となっては、謝《あやま》ることのできない人《ひと》に対《たい》して、心《こころ》の中《なか》で謝《あやま》ってみよう。

⑨

今《いま》という時代《じだい》に、生命《いのち》を授《さず》かったことを感謝《かんしゃ》しよう。

⑩

この世《よ》での自分《じぶん》のプライド（自尊心《じそんしん》）の小《ち》さきを考《かんが》えてみよう。

⑪

余命《よめい》を悟《さと》ったら、一日《いちにち》一日《いちにち》をどう使《つか》おうかと思《おも》ってみよう。

⑫

自分《じぶん》の知《し》り合《あ》い、友人《ゆうじん》で病気《びょうき》になった人《ひと》のことを心《こころ》に思《おも》い浮《う》かべよう。

⑬

自分《じぶん》が、この世《よ》に生命《いのち》を持《も》った時《とき》のことを、瞑想的《めいそうてき》に思《おも》い起《お》こしてみよう。

⑭

星空《ほしぞら》のことに思《おも》い巡《めぐ》らせてみよう。

⑮

毎日《まいにち》、良《よ》く食《た》べて、排尿《はいにょう》、排便《はいべん》し続《つづ》けて来《き》た体《からだ》に、
感謝《かんしゃ》しよう。

⑯

良《よ》かれ、悪《あ》しかれ、自分《じぶん》をこの世《よ》に生《う》んでくれた父《ちち》親《おや》と母親《ははおや》がいたのだ。

⑰

あなたの生命《いのち》は、何世紀《なんせいき》も何十世紀《なんじゅっせいき》も、さかのぼることができるのだ。

⑱

生命《いのち》の始《はじ》まりに、「愛《あい》」があったことを感謝《かんしゃ》しよう。

⑲

けんかしている相手《あいて》がいるなら、自分《じぶん》がまだ生《い》きているこ とを、感謝《かんしゃ》しよう。

⑳

他人《ひと》の罪《つみ》を赦《ゆる》し、悪態《あくたい》をも許《ゆる》そう。

㉑

自分《じぶん》が嫉妬《しっと》し続《つづ》けて来《き》た人《ひと》がいるなら、その人《ひと》の長所《ちょうしょ》にあこがれていたことを認《みと》めよう。

㉒

自分《じぶん》より優《すぐ》れた人《ひと》が、たくさんいてくれたから、この社会《しゃかい》は繁栄《はんえい》したのだと思《おも》おう。

㉓

この世《よ》に異性《いせい》が存在《そんざい》したことに感謝《かんしゃ》しよう。

㉔

初恋《はつこい》の人《ひと》を思《おも》い出《だ》せるか。

㉕

神様《かみさま》、生命《いのち》を下《くだ》さって、有難《ありがと》う。そうつぶやいてみよう。

㉖

失恋《しつれん》も、また、自分《じぶん》を成長《せいちょう》させる機会《きかい》だったと思《おも》おう。

㉗

肉体《にくたい》の苦《くる》しみに耐《た》えている自分《じぶん》を、少《すこ》しはほめてみよう。

㉘

自分《じぶん》の体《からだ》が、何億《なんおく》もの細胞《さいぼう》でできている、小《ちい》さな宇宙《うちゅう》だと想像《そうぞう》してみよう。

㉙

美人《びじん》であるとか、美男《びなん》であるとか、病気《びょうき》になると、かすんでくる。

㉚

今日《きょう》も命《いのち》があるとは、何《なん》と素晴《すば》らしいことか。

㉛

現在《げんざい》の自分《じぶん》を作《つく》ってくれた、多《おお》くの人々《ひとびと》に感謝《かんしゃ》しよう。

㉜

自分《じぶん》の人生《じんせい》は、花壇《かだん》の中《なか》の一輪《いちりん》の花《はな》のようであったろうか。

㉝

自分《じぶん》は、誰《だれ》かの人生《じんせい》にお役《やく》に立《た》っただろうか。

㉞

あなたが、出来《でき》の悪《わる》い息子《むすこ》、出来《でき》の悪《わる》い娘《むすめ》であるなら、世界《せかい》の人々《ひとびと》に謝《あやま》ろう。

㉟

体《からだ》の悪《わる》い部分《ぶぶん》に、「長年《ながねん》ご苦労様《くろうさま》でした。」と言《い》ってみよう。

㊱

憎《にく》しみや悲《かな》しみ、苦《くる》しみが、病巣《びょうそう》を作《つく》っていないか、考《かんが》えてみよう。

㊲

もし、健康《けんこう》が回復《かいふく》したら、どんなことができるか、
空想《くうそう》してみよう。

㊳

熱《ねつ》が出《で》て来《き》たら、自分《じぶん》の細胞《さいぼう》が生《い》きようと、一生懸《いっしょうけん》命《めい》になっていると思《おも》おう。

㊴

お釈迦様《しゃかさま》は、「生《しょう》・老《ろう》・病《びょう》・死《し》」を四苦《しく》と言《い》われた。
自分《じぶん》にも、悟《さと》りのチャンスはある。

㊵

自暴自棄《じぼうじき》になってはいけない。今《いま》まで生《い》かされて来《き》た奇跡《きせき》を思《おも》おう。

㊶

体《からだ》が不自由《ふじゆう》で悲《かな》しい時《とき》、戦時下《せんじか》にある人《ひと》たちのことを思《おも》おう。

㊷

医者《いしゃ》は、病状《びょうじょう》の悪《わる》さを言《い》う習慣《しゅうかん》がある。「心配《しんぱい》してくれているのだ。」と思《おも》おう。

㊸

看護師《かんごし》さんたちにも、「ご苦労様《くろうさま》。」と笑顔《えがお》を作《つく》ろう。

㊹

見舞《みま》いに来《き》てくれる家族《かぞく》にも、見舞《みま》いに来《き》てくれない家族《かぞく》にも、心《こころ》の中《なか》で感謝《かんしゃ》しよう。

㊺

家族《かぞく》の一員《いちいん》として、自分《じぶん》は立派《りっぱ》に使命《しめい》が果《は》たせたか。

㊻

学生《がくせい》としての勉学《べんがく》やスポーツ、大人《おとな》としての社会《しゃかい》への還元《かんげん》について振《ふ》り返《かえ》ってみよう。

㊼

今《いま》さら取《と》り返《かえ》せない人間関係《にんげんかんけい》については、神仏《しんぶつ》に許《ゆる》しを願《ねが》おう。

㊽

「お金《かね》」のことしか考《かんが》えてなかったのなら、「心《こころ》」のことも考《かんが》えてみよう。

㊾

学歴《がくれき》を自慢《じまん》や、自分《じぶん》の不幸《ふこう》の原因《げんいん》にしているなら、
他《た》の病人《びょうにん》たちのことも考《かんが》えてみよう。

㊿

病気《びょうき》前《まえ》の自分《じぶん》の健康管理《けんこうかんり》、体力《たいりょく》づくりは、何点《なんてん》だったかな。

51

死《し》ぬ人《ひと》がいるから、新《あたら》しく生《う》まれ変《か》わってくる人《ひと》がいる。「転生輪廻《てんしょうりんね》」を信《しん》じよう。

郵便はがき

料金受取人払郵便

赤坂局承認

7320

差出有効期間
2025年10月
31日まで
（切手不要）

107-8790

112

東京都港区赤坂2丁目10－8
幸福の科学出版（株）
読者アンケート係 行

ご購読ありがとうございました。お手数ですが、今回ご購読いただいた書籍名をご記入ください。

書籍名

フリガナ お名前	男・女	歳
ご住所 〒 都道府県		
お電話（　　　）　－		
e-mail アドレス		
新刊案内等をお送りしてもよろしいですか？ ［ はい（DM・メール）・ いいえ		
ご職業 ①会社員 ②経営者・役員 ③自営業 ④公務員 ⑤教員・研究者 ⑥主婦 ⑦学生 ⑧パート・アルバイト ⑨定年退職 ⑩他（		

プレゼント＆読者アンケート

皆様のご感想をお待ちしております。本ハガキ、もしくは、右記の二次元コードよりお答えいただいた方に、抽選で幸福の科学出版の書籍・雑誌をプレゼント致します。

（発表は発送をもってかえさせていただきます。）

1 本書をどのようにお知りになりましたか？

2 本書をお読みになったご感想を、ご自由にお書きください。

3 今後読みたいテーマなどがありましたら、お書きください。

ご感想を匿名にて広告等に掲載させていただくことがございます。

ご記入いただきました個人情報については、同意なく他の目的で使用することはございません。


ご協力ありがとうございました！

52

事故《じこ》に遭《あ》って、人生《じんせい》に大変革《だいへんかく》が起《お》きる人《ひと》もいる。

㊸

両手《りょうて》があって、物《もの》がつかめることすら、幸福《こうふく》なのだ。

㊺

両足《りょうあし》があって、立《た》って、歩《ある》けるという奇跡《きせき》に、感謝《かんしゃ》しよう。

㊺

目《め》が見《み》えるということ。たとえ、眼鏡《めがね》やコンタクトレンズの力《ちから》を借《か》りていても、有難《ありがた》いことなのだ。

㊻

鼻《はな》があって、自力呼吸《じりきこきゅう》ができるか、できたということ。本当《ほんとう》に有難《ありがた》いことだ。

㊼

口《くち》があってものが食《た》べられるということ。他人《ひと》の力《ちから》を借《か》りてでも食《た》べられるということ。うれしいね。

⑱

努力《どりょく》せずして自分《じぶん》の歯《は》が生《は》えて来《き》たこと。もの・が・かめるということ。虫歯《むしば》も歯医者《はいしゃ》さんに治《なお》してもらったこと。感謝《かんしゃ》、感謝《かんしゃ》だ。

59

骨《ほね》があって、毎日《まいにち》、自分《じぶん》の身体《からだ》を支《ささ》えてくれている。
骨《ほね》にも感謝《かんしゃ》しよう。

⑥⓪

頭脳《ずのう》があって、一日《いちにち》も休《やす》まず働《はたら》いてくれることに、感謝《かんしゃ》しよう。

⑥①

耳《みみ》があって、他人様《ひとさま》の言葉《ことば》が聞《き》けるなんて、なんと不思議《ふしぎ》で、有難《ありがた》い仕組《しく》みだろう。

62

視力《しりょく》や聴力《ちょうりょく》が与《あた》えられて、人生《じんせい》がどれほど豊《ゆた》かになったことだろう。

㊸

のどや肺《はい》のおかげで、呼吸《こきゅう》でき、話《はなし》もできるなんて、
素晴《すば》らしいな。

⑥④

手《て》も指《ゆび》もあって、字《じ》が書《か》け、キーボードもたたける
ことの幸福《こうふく》よ。

⑥⑤

胃腸《いちょう》のおかげで、食《た》べたものを消化《しょうか》・吸収《きゅうしゅう》でき、栄養《えいよう》にできることの喜《よろこ》びよ。

⑹⑹

尿《にょう》が出《で》なければ、人《ひと》は死《し》ぬ。腎臓《じんぞう》などに感謝《かんしゃ》したことはあるか。

㊼

肛門《こうもん》が毎日《まいにち》機能《きのう》してくれて、人生《じんせい》が続《つづ》いているのだ。

㊳

性器《せいき》は、悩《なや》みも作《つく》るが、幸福《こうふく》も創《つく》るのだ。人類《じんるい》の歴史《れきし》も創造《そうぞう》してきたのだ。

⑲

歩《ある》けるだけではない。足《あし》の指《ゆび》で絵《え》を画《か》く人《ひと》もいる。

⑰

鍛《きた》えた脚《あし》は、多《おお》くの仕事《しごと》を可能《かのう》にする。お釈迦様《しゃかさま》も歩《ある》いて伝道《でんどう》の旅《たび》を続《つづ》けた。

71

頭脳《ずのう》や手足《てあし》のおかげで、自分《じぶん》の人生《じんせい》に、何《なん》と豊富《ほうふ》な可能性《かのうせい》があったことか。

⑫

国語《こくご》のおかげで、動物《どうぶつ》とは違《ちが》う生《い》き方《かた》ができた。

⑦③

算数《さんすう》のおかげで商売《しょうばい》もでき、数学《すうがく》のおかげで、建物《たてもの》の建築《けんちく》や乗《の》り物《もの》づくりができた。

㊷

食料《しょくりょう》と医学《いがく》のおかげで、長寿時代《ちょうじゅじだい》も来《き》た。

⑦⑤

英語《えいご》のおかげで、海外旅行《かいがいりょこう》や、貿易《ぼうえき》もできるようになった。

⑯

理科《りか》のおかげで、植物《しょくぶつ》や生《い》き物《もの》、宇宙《うちゅう》の神秘《しんぴ》までわかるようになった。

⑰

社会《しゃかい》のおかげで、人間《にんげん》のなりわいや、住み良《よ》い世界《せかい》の作《つく》り方《かた》を知《し》った。

⑺⑻

美術《びじゅつ》のおかげで、美《うつく》しさを幸福《こうふく》に取《と》り込《こ》めた。

⑲

音楽《おんがく》のおかげで、もう一《ひと》つの幸福《こうふく》な世界《せかい》が創《つく》り出《だ》せた。

⑧0

ああ、小説《しょうせつ》が読《よ》め、映画《えいが》が観《み》えるって、何《なん》と幸福《こうふく》なのだろう。

⑧①

結婚《けっこん》の可能性《かのうせい》があり、結婚《けっこん》ができたこと。離別《りべつ》しても相手《あいて》の幸《しあわ》せを願《ねが》えることの幸福《こうふく》よ。

㉜

子供《こども》がいなくても、自由《じゆう》な幸福《こうふく》。子供《こども》がいたら、未《み》来《らい》への希望《きぼう》。

㊸

意《い》見《けん》を言《い》ってくれる家《か》族《ぞく》がおり、世《せ》間《けん》の評《ひょう》判《ばん》を心《しん》配《ぱい》してくれる親《しん》族《ぞく》がいる。

㉞

友情《ゆうじょう》があなたを育《そだ》て、友人《ゆうじん》があなたを成長《せいちょう》させてくれた。

㉟

貧《まず》しかったことも、豊《ゆた》かさに目覚《めざ》めさせてくれた。

㊻

給料《きゅうりょう》を手《て》にした時《とき》の喜《よろこ》び、生活費《せいかつひ》があることへの喜《よろこ》び。

㊲

就活《しゅうかつ》の苦《くる》しさ。
就職《しゅうしょく》の喜《よろこ》び。

⑱

自分《じぶん》に何《なん》らかの才能《さいのう》があることを知《し》った喜《よろこ》び。

⑲

夫《おっと》となり、妻《つま》となり、父《ちち》となり、母《はは》となる喜《よろこ》び。

⑨⓪

少欲知足《しょうよくちそく》を悟《さと》った喜《よろこ》び。

㉑

自分《じぶん》の使命《しめい》や天命《てんめい》に目覚《めざ》めることの喜《よろこ》び。

⑫

この世界《せかい》以外《いがい》に、まだ、目《め》に見《み》えぬ世界《せかい》まで用意《ようい》されていることを知《し》った喜《よろこ》び。

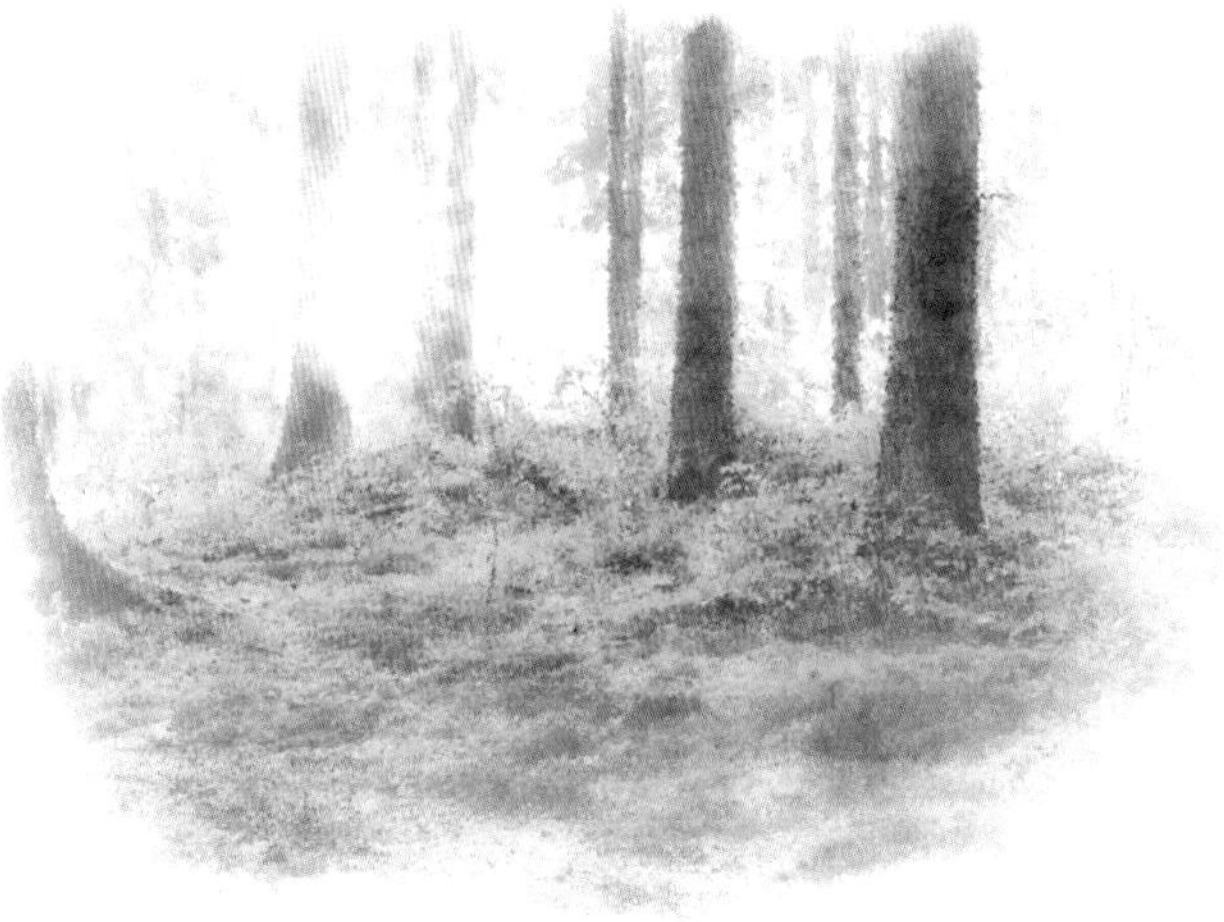

㊸

自分《じぶん》にまだできることがあること。自分《じぶん》が必要《ひつよう》とされていることの喜《よろこ》び。

㉔

人《ひと》を愛《あい》することができる喜《よろこ》び。憎《にく》んでいた人《ひと》と和《わ》解《かい》できる喜《よろこ》び。

⑮

自分《じぶん》が不成仏霊《ふじょうぶつれい》にはならないと悟《さと》っている喜《よろこ》び。

⑯

貧者《ひんじゃ》の一灯《いっとう》。貧《まず》しくとも神仏《しんぶつ》に感謝《かんしゃ》できることの喜《よろこ》び。

⑨⑦

日々《ひび》、「正《ただ》しき心《こころ》の探究《たんきゅう》」が続《つづ》けられる喜《よろこ》び。

⑱

「反省《はんせい》」もまた、神仏《しんぶつ》に近《ちか》づくことだと悟《さと》った幸福《こうふく》。

⑲

天国《てんごく》も地獄《じごく》も、「仏法真理《ぶっぽうしんり》」の下《もと》にあることの安《やす》らぎ。

⑩⑩

真《しん》の仏陀《ぶっだ》の教《おし》えに帰依《きえ》することの、根源的《こんげんてき》な喜《よろこ》び。

（解説・あとがき）

自宅や病院で、病《やまい》に苦しんでいる時に、ゆったりと、繰《く》り返して読める本が欲しい。そういうニーズを受けて本書は編《あ》まれた。病の時《とき》は、常《つね》日《ひ》頃《ごろ》、忘《わす》れていることを思《おも》い出《だ》す時《とき》でもある。そして自分がたくさんの幸せに取り囲まれていることに気づく時でもある。

本書の言葉のインスピレーション元《もと》は、エドガー・ケイシー霊とヤムローゼという最高級天使（セラフィム）の一人である。

また、本書を書くに際して、幸福の科学の『奇跡《きせき》との出会《であ》い。』や『光《ひか》り合《あ》う生命《いのち》。』などの、『心《こころ》に寄《よ》り添《そ》う。』シリーズの音楽（ＣＤ）を繰り返して聞いていたことをお知らせしておきたい。病気の回復に役立つ楽曲《がっきょく》だと思う。

二〇二三年　一月十七日

幸福《こうふく》の科学《かがく》グループ創始者兼総裁《そうししゃけんそうさい》　大川隆法《おおかわりゅうほう》

病《やまい》の時《とき》に読《よ》む言葉《ことば》

2023年2月2日　初版第1刷
2024年6月7日　　　第6刷

著者　大《おお》川《かわ》隆《りゅう》法《ほう》

発行所　幸福の科学出版株式会社
〒107-0052 東京都港区赤坂2丁目10番8号
TEL(03)5573-7700
https://www.irhpress.co.jp/

印刷・製本　株式会社 研文社

落丁・乱丁本はおとりかえいたします

ISBN978-4-8233-0409-5 C0030
カバー Maya Kruchankova/Shutterstock.com
装丁・イラスト・写真（上記・パブリックドメインを除く）© 幸福の科学

大川隆法ベストセラーズ・書き下ろし箴言集

妖怪にならないための言葉

1,540 円

嘘、偽善、自己保身……、心の「妖怪性」はあなたの中にもある――。現代社会にも生息する妖怪の実態に迫り、「裏側世界」の真実に迫る一書。

地獄に堕ちないための言葉

1,540 円

死後に待ち受けるこの現実にあなたは耐えられるか？ 今の地獄の実態をリアルに描写した、生きているうちに知っておきたい100の霊的真実。

コロナ時代の経営心得

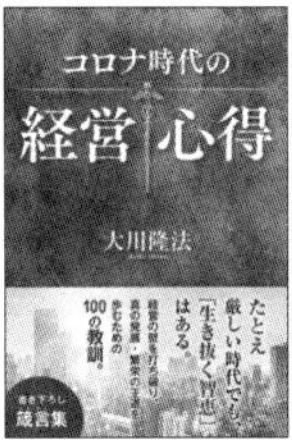

1,540 円

未来への不安は、この一書で吹き飛ばせ！ 逆境を乗り越え、真の発展・繁栄の王道を歩むための「経営の智恵」が凝縮された100の言葉。

人格をつくる言葉

1,540 円

人生の真実を短い言葉に凝縮し、あなたを宗教的悟りへと導く、書き下ろし箴言集。愛の器を広げ、真に魅力ある人となるための100の指針。

仕事への言葉

1,540 円

あなたを真の成功へと導く仕事の極意が示された書き下ろし箴言集。ビジネスや経営を通して心豊かに繁栄するための100のヒントがここに。

人生への言葉

1,540 円

幸福をつかむ叡智がやさしい言葉で綴られた書き下ろし箴言集。「真に賢い人物」に成長できる、あなたの心を照らす100のメッセージ。

大川隆法ベストセラーズ・病気からの回復のために

エル・カンターレ 人生の疑問・悩みに答える 病気・健康問題へのヒント

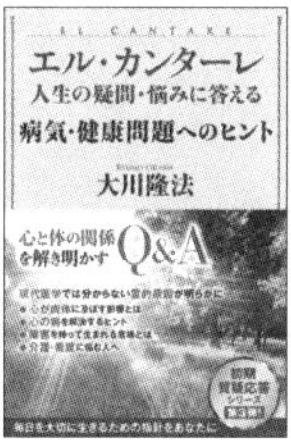

1,760 円

毎日を明るく積極的、建設的に生きるために──。現代医学では分からない「心と体の関係」を解き明かし、病気の霊的原因と対処法を示した質疑応答集。

病気カルマ・リーディング

難病解明編

1,650 円

「胃ガン」「心と体の性の不一致」「謎の視力低下」「血液のガン」の元にあった「心のクセ」や「過去世の体験」を解明！ 健康へのヒントが満載。

ザ・ヒーリングパワー

病気はこうして治る

1,650 円

ガン、心臓病、精神疾患、アトピー……。スピリチュアルな視点から「心と病気の関係」を解明し、完全無欠な自己像を描く瞑想法も紹介。あなたに奇跡を起こす一冊！

超・絶対健康法

奇跡のヒーリングパワー

1,650 円

「長寿と健康」の秘訣、「心の力」と病気の関係、免疫力を強くする信仰心など、病気が治る神秘のメカニズムが明かされた待望の書。

心と体のほんとうの関係。

スピリチュアル健康生活

1,650 円

心臓病、パニック障害、リウマチ、過食症、拒食症、性同一性障害、エイズ、白血病、金縛りなど、霊的な目から見た驚きの真実が明かされる。

El Cantare 大川隆法 Original Songs

THE THUNDER《ザ・サンダー》

─コロナウィルス撃退曲─

作曲
大川隆法

CD

発売 幸福の科学出版

1,100 円

中国発・新型コロナウィルスを打ち祓う「電撃一閃」サウンド！ 天上界から降ろされた勇壮な楽曲。

幸福の科学出版　※表示価格は税込10%です。

大川隆法ベストセラーズ・生涯現役を目指して

エイジレス成功法
生涯現役9つの秘訣

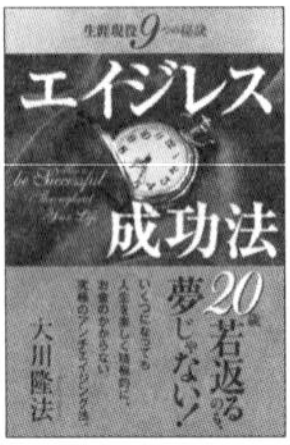

1,650円

年齢に縛られない生き方とは──。この「考え方」で心・体・頭がみるみる若返り、介護や認知症とは無縁の「生涯現役人生」が拓けてくる!

老いて朽ちず
知的で健康なエイジレス生活のすすめ

1,650円

いくつになっても知的に。年を重ねるたびに健やかに──。「知的鍛錬」や「生活習慣」など、実践的観点から生涯現役の秘訣を伝授!

心を癒す ストレス・フリーの幸福論

1,650円

人間関係、病気、お金、老後の不安……。ストレスを解消し、幸福な人生を生きるための「心のスキル」が語られる。

復活の法
未来を、この手に

1,980円

死後の世界を豊富な具体例で明らかにし、天国に還るための生き方を説く。ガンや生活習慣病、ぼけを防ぐ、心と体の健康法も示される。

私の人生論
「平凡からの出発」の精神

1,760円

「努力に勝る天才なしの精神」「信用の獲得法」など、著者の実践に裏打ちされた「人生哲学」を語る。人生を長く輝かせ続ける秘密が明かされる。

El Cantare 大川隆法 Original Songs

夢人間

作詞・作曲 大川隆法 CD

発売 幸福の科学出版

1,100円

いつまでも夢に溢れ、生涯現役を目指すシニア世代にすすめたい、明るいエネルギーに満ちたシニアのテーマ曲。

大川隆法ベストセラーズ・信仰の奇跡

新復活

医学の「常識」を超えた
奇跡の力

1,760 円

最先端医療の医師たちを驚愕させた奇跡の実話。医学的には死んでいる状態から“復活”を遂げた、著者の「心の力」の秘密が明かされる。

病《やまい》を乗り切るミラクルパワー

常識を超えた
「信仰心で治る力」

1,650 円

糖質制限、菜食主義、水分摂取——、その“常識”に注意。病気の霊的原因と対処法など、超・常識の健康法を公開！ 認知症、統合失調症等のＱＡも所収。

奇跡のガン克服法

未知なる治癒力
のめざめ

著者
「健康セミナー」
CD付

1,980 円

なぜ、病気治癒の奇跡が起こるのか。その秘密を惜しみなく大公開！ 質問者の病気が治った奇跡のリーディング内容も収録。

愛、無限

偉大なる信仰の力

1,760 円

真実の人生を生きる条件、劣等感や嫉妬心の克服などを説き明かし、主の無限の愛と信仰の素晴らしさを示した現代の聖書。

公開霊言 ギリシャ・エジプトの古代神 オフェアリス神の教えとは何か

1,540 円

全智全能の神・オフェアリス神の姿がついに明らかに。復活神話の真相や信仰と魔法の関係など、現代人が失った神秘の力を呼び覚ます奇跡のメッセージ。

イエス・キリストの霊言

映画「世界から希望が消えたなら。」で描かれる「新復活の奇跡」

1,540 円

イエスが明かす、大川隆法総裁の身に起きた奇跡。エドガー・ケイシーの霊言、先端医療の医師たちの守護霊霊言、映画原作ストーリー、トルストイの霊示も収録。

幸福の科学出版 ※表示価格は税込10％です。

幸福の科学グループのご案内

宗教、教育、政治、出版などの活動を通じて、地球的ユートピアの実現を目指しています。

幸福の科学

一九八六年に立宗。信仰の対象は、地球系霊団の最高大霊、主エル・カンターレ。世界百七十カ国以上の国々に信者を持ち、全人類救済という尊い使命のもと、信者は、「愛」と「悟り」と「ユートピア建設」の教えの実践、伝道に励んでいます。

（二〇二四年五月現在）

愛

幸福の科学の「愛」とは、与える愛です。これは、仏教の慈悲《じひ》や布施《ふせ》の精神と同じことです。信者は、仏法真理をお伝えすることを通して、多くの方に幸福な人生を送っていただくための活動に励んでいます。

悟り

「悟り」とは、自らが仏の子であることを知るということです。教学《きょうがく》や精神統一によって心を磨き、智慧《ちえ》を得て悩みを解決すると共に、天使・菩薩《ぼさつ》の境地を目指し、より多くの人を救える力を身につけていきます。

ユートピア建設

私たち人間は、地上に理想世界を建設するという尊い使命を持って生まれてきています。社会の悪を押しとどめ、善を推し進めるために、信者はさまざまな活動に積極的に参加しています。

幸福の科学の教えをさらに学びたい方へ

心を練る。叡智《えいち》を得る。
美しい空間で生まれ変わる――
幸福の科学の精舎《しょうじゃ》

幸福の科学の精舎《しょうじゃ》は、信仰心《しんこうしん》を深め、悟《さと》りを向上させる聖なる空間です。全国各地の精舎では、人格向上のための研修や、仕事・家庭・健康などの問題を解決するための助力が得られる祈願《きがん》を開催《かいさい》しています。研修や祈願に参加することで、日常で見失いがちな、安らかで幸福な心を取り戻《もど》すことができます。

総本山・正心館

総本山・未来館

総本山・日光精舎

総本山・那須精舎

東京正心館

全国に27精舎を展開。

運命が変わる場所 ――
幸福の科学の支《し》部《ぶ》

幸福の科学は1986年の立宗《りっしゅう》以来、「私、幸せです」と心から言える人を増やすために、世界各地で活動を続けています。
国内では、全国に400カ所以上の支部が展開し、信仰《しんこう》に出合って人生が好転する方が多く誕生しています。
支部では御法話拝聴会、経典学習会、祈願、お祈り、悩み相談などを行っています。

海外支援・災害支援

幸福の科学のネットワークを駆使し、世界中で被災地復興や教育の支援をしています。

毎年２万人以上の方の自殺を減らすため、全国各地でキャンペーンを展開しています。

公式サイト **withyou-hs.net**

自殺防止相談窓口

受付時間　火〜土:10〜18時（祝日を含む）

TEL **03-5573-7707**　メール **withyou-hs@happy-science.org**

視覚障害や聴覚障害、肢体不自由の方々と点訳・音訳・要約筆記・字幕作成・手話通訳等の各種ボランティアが手を携えて、真理の学習や集い、ボランティア養成等、様々な活動を行っています。

公式サイト **helen-hs.net**

入会のご案内

幸福の科学では、主エル・カンターレ 大川隆法総裁が説く仏法真《ぶっぽうしん》理《り》をもとに、「どうすれば幸福になれるのか、また、他の人を幸福にできるのか」を学び、実践しています。

入会

仏法真理を学んでみたい方へ

主エル・カンターレを信じ、その教えを学ぼうとする方なら、どなたでも入会できます。入会された方には、『入会版「正心法語《しょうしんほうご》」』が授与されます。

入会ご希望の方はネットからも入会申し込みができます。

happy-science.jp/joinus

三帰《さんき》誓願《せいがん》

信仰をさらに深めたい方へ

仏弟子としてさらに信仰を深めたい方は、仏《ぶっ》・法《ぽう》・僧《そう》の三宝《さんぽう》への帰依を誓う「三帰誓願式」を受けることができます。三帰誓願者には、『仏説・正心法語』『祈願文《きがんもん》①』『祈願文②』『エル・カンターレへの祈り』が授与されます。

幸福の科学 サービスセンター
TEL 03-5793-1727（受付時間/ 火〜金:10〜20時 土・日祝:10〜18時（月曜を除く））

幸福の科学 公式サイト
happy-science.jp

幸福実現党

内憂外患《ないゆうがいかん》の国難に立ち向かうべく、2009年5月に幸福実現党を立党しました。創立者である大川隆法党総裁の精神的指導のもと、宗教だけでは解決できない問題に取り組み、幸福を具体化するための力になっています。

幸福実現党 党員募集中

あなたも幸福を実現する政治に参画しませんか。

＊申込書は、下記、幸福実現党公式サイトでダウンロードできます。
住所：〒107-0052
東京都港区赤坂2-10-8 6階 幸福実現党本部

TEL **03-6441-0754** FAX **03-6441-0764**
公式サイト **hr-party.jp**

HS政経塾

大川隆法総裁によって創設された、「未来の日本を背負う、政界・財界で活躍するエリート養成のための社会人教育機関」です。既成の学問を超えた仏法真理を学ぶ「人生の大学院」として、理想国家建設に貢献する人材を輩出するために、2010年に開塾しました。これまで、多数の地方議員が全国各地で活躍してきています。

TEL **03-6277-6029**
公式サイト **hs-seikei.happy-science.jp**

ハッピー・サイエンス・ユニバーシティ
Happy Science University

ハッピー・サイエンス・ユニバーシティとは

ハッピー・サイエンス・ユニバーシティ（HSU）は、
大川隆法総裁が設立された「日本発の本格私学」です。
建学の精神として「幸福の探究と新文明の創造」を掲げ、
チャレンジ精神にあふれ、新時代を切り拓く人材の輩出を目指します。

人間幸福学部　経営成功学部　未来産業学部

HSU長生キャンパス TEL **0475-32-7770**
〒299-4325　千葉県長生郡長生村一松丙 4427-1

未来創造学部

HSU未来創造・東京キャンパス
TEL **03-3699-7707**
〒136-0076　東京都江東区南砂2-6-5

公式サイト **happy-science.university**

学校法人 幸福の科学学園

学校法人 幸福の科学学園は、幸福の科学の教育理念のもとにつくられた教育機関です。人間にとって最も大切な宗教教育の導入を通じて精神性を高めながら、ユートピア建設に貢献する人材輩出を目指しています。

幸福の科学学園

中学校・高等学校（那須本校）
2010年4月開校・栃木県那須郡（男女共学・全寮制）
TEL **0287-75-7777** 公式サイト **happy-science.ac.jp**

関西中学校・高等学校（関西校）
2013年4月開校・滋賀県大津市（男女共学・寮及び通学）
TEL **077-573-7774** 公式サイト **kansai.happy-science.ac.jp**

仏法真理塾「サクセスNo.1」

全国に本校・拠点・支部校を展開する、幸福の科学による信仰教育の機関です。小学生・中学生・高校生を対象に、信仰教育・徳育にウエイトを置きつつ、将来、社会人として活躍するための学力養成にも力を注いでいます。

TEL **03-5750-0751**（東京本校）

エンゼルプランV

東京本校を中心に、全国に支部教室を展開。信仰をもとに幼児の心を豊かに育む情操教育を行い、子どもの個性を伸ばして天使に育てます。

TEL **03-5750-0757**（東京本校）

エンゼル精舎

乳幼児が対象の、託児型の宗教教育施設。エル・カンターレ信仰をもとに、「皆、光の子だと信じられる子」を育みます。
（※参拝施設ではありません）

不登校児支援スクール「ネバー・マインド」

TEL **03-5750-1741**

心の面からのアプローチを重視して、不登校の子供たちを支援しています。

ユー・アー・エンゼル！（あなたは天使！）運動

障害児の不安や悩みに取り組み、ご両親を励まし、勇気づける、障害児支援のボランティア運動を展開しています。

一般社団法人 ユー・アー・エンゼ

TEL **03-6426-7797**

NPO活動支援

学校からのいじめ追放を目指し、さまざまな社会提言をしています。また、各地でのシンポジウムや学校への啓発ポスター掲示等に取り組む一般財団法人「いじめから子供を守ろうネットワーク」を支援しています。

いじめから子供を守ろうネットワーク

公式サイト **mamoro.org** ブログ **blog.mamoro.org**

相談窓口 **TEL.03-5544-8989**

百歳まで生きる会～いくつになっても生涯現役～

幸福の科学

「百歳まで生きる会」は、生涯現役人生を掲げ、友達づくり、生きがいづくりを通じ、一人ひとりの幸福と、世界のユートピア化のために、全国各地で友達の輪を広げ、地域や社会に幸福を広げていく活動を続けているシニア層（55歳以上）の集まりです。

【サービスセンター】TEL **03-5793-1727**

シニア・プラン21

「百歳まで生きる会」の研修部門として、心を見つめ、新しき人生の再出発、社会貢献を目指し、セミナー等を開催しています。

【サービスセンター】TEL **03-5793-1727**

幸福の科学出版

大川隆法総裁の仏法真理の書を中心に、ビジネス、自己啓発、小説など、さまざまなジャンルの書籍・雑誌を出版しています。他にも、映画事業、文学・学術発展のための振興事業、テレビ・ラジオ番組の提供など、幸福の科学文化を広げる事業を行っています。

アー・ユー・ハッピー？
are-you-happy.com

ザ・リバティ
the-liberty.com

幸福の科学出版
TEL **03-5573-7700**
公式サイト **irhpress.co.jp**

THE FACT

YouTubeにて随時好評配信中！

ザ・ファクト

マスコミが報道しない「事実」を世界に伝えるネット・オピニオン番組

公式サイト **thefact.jp**

NEW STAR PRODUCTION

ニュースター・プロダクション

「新時代の美」を創造する芸能プロダクションです。多くの方々に良き感化を与えられるような魅力あふれるタレントを世に送り出すべく、日々、活動しています。 公式サイト **newstarpro.co.jp**

ARI Production

ARI《アリ》 Production《プロダクション》

タレント一人ひとりの個性や魅力を引き出し、「新時代を創造するエンターテインメント」をコンセプトに、世の中に精神的価値のある作品を提供していく芸能プロダクションです。 公式サイト **aripro.co.jp**